Automatizac... Robótica en la Industria 4.0

El Impacto en la Manufactura y la Producción

Fabio García

Índice

Capítulo 1 – Introducción a la Industria 4.0

🏛 Evolución Industrial: De la Mecanización al Mundo Inteligente

La humanidad ha transitado por diversas revoluciones industriales, cada una impulsada por la innovación tecnológica que transformó radicalmente la manera de producir, vivir y trabajar.
Comprender este recorrido es fundamental para dimensionar el impacto de la Industria 4.0.

- Industria 1.0 (finales del siglo XVIII)

La invención de la máquina de vapor permitió la mecanización de la producción y el nacimiento de fábricas, desplazando el trabajo manual artesanal. Se consolidaron sectores como la textilería y la metalurgia, y surgió una nueva estructura socioeconómica basada en el capitalismo industria

- Industria 2.0 (finales del siglo XIX y principios del XX)

La llegada de la electricidad y el desarrollo de sistemas de producción en masa —inspirados en el modelo de Henry Ford— revolucionaron la productividad. La eficiencia y la estandarización fueron las claves de esta etapa, acompañadas de avances en química, siderurgia y ferrocarriles.

- Industria 3.0 (segunda mitad del siglo XX)

La automatización electrónica, impulsada por la informática, la robótica básica y la instrumentación de procesos, permitió reducir drásticamente la intervención humana. El surgimiento de los controladores lógicos programables (PLC) marcó una nueva era en la manufactura.

- Industria 4.0 (desde la década de 2010 en adelante)

La cuarta revolución industrial introduce sistemas inteligentes, máquinas conectadas, datos masivos y autonomía de decisiones en tiempo real. Esta etapa no solo transforma los procesos productivos, sino también el modelo de negocio, la gestión de talento y el concepto mismo de valor.

🌐 ¿Qué es la Industria 4.0? Una Visión Integral

El término Industria 4.0 fue presentado oficialmente en 2011 en la

Feria de Hannover, Alemania, como parte de un plan estratégico para fortalecer la competitividad del sector manufacturero alemán. Desde entonces, se ha convertido en un fenómeno global que redefine los fundamentos de la producción industrial.

La Industria 4.0 implica la integración completa de tecnologías digitales en todos los procesos de manufactura. A diferencia de las revoluciones anteriores —que introdujeron una tecnología central (vapor, electricidad, computación)—, la Industria 4.0 es una convergencia simultánea de múltiples tecnologías emergentes:

- Sistemas ciberfísicos (interacción entre el mundo físico y virtual)

- Internet de las Cosas Industrial (IIoT)

- Big Data y analítica predictiva

- Inteligencia Artificial (IA) y aprendizaje automático

- Robótica avanzada y robots colaborativos

- Realidad aumentada y realidad virtual

- Manufactura aditiva (impresión 3D)

- Blockchain aplicado a la cadena de suministro

- Computación en la nube y edge computing

El núcleo de la Industria 4.0 es la interconectividad y la autonomía: los dispositivos no solo ejecutan instrucciones, sino que aprenden, se adaptan y colaboran con otros sistemas sin intervención humana directa.

● Principales Características de la Industria 4.0

✓ Conectividad Universal

Todo dispositivo, máquina o componente de un sistema de producción está conectado a una red, formando ecosistemas inteligentes capaces de compartir datos y optimizar decisiones.

✓ Autonomía Operativa

Las fábricas inteligentes tienen la capacidad de tomar decisiones operativas en tiempo real sin necesidad de supervisión humana constante.

✓ Producción Flexible y Personalizada

La combinación de IA y manufactura aditiva permite producir lotes personalizados de manera rentable, respondiendo a una demanda de consumidores cada vez más exigente.

✓ Integración Vertical y Horizontal

La Industria 4.0 rompe las barreras entre las funciones tradicionales: diseño, producción, logística, ventas y servicios están integrados de forma digital.

✓ Sostenibilidad y Eficiencia Energética

Los sistemas inteligentes buscan maximizar el uso de recursos, minimizar el desperdicio y reducir el impacto ambiental, apoyando los principios de la economía circular.

🔧 Tecnologías Habilitadoras de la Revolución 4.0: Un Vistazo Profundo

◆ **Internet de las Cosas Industrial (IIoT)**

Más que simples sensores, el IIoT conecta todo el ecosistema de producción: desde la maquinaria hasta la cadena de suministro y la distribución. Se estima que para 2030 habrá más de 25.000 millones de dispositivos industriales conectados en todo el mundo.

◆ **Inteligencia Artificial y Machine Learning**

La IA permite predecir fallos antes de que ocurran (mantenimiento predictivo), optimizar rutas logísticas en tiempo real y personalizar procesos de fabricación según patrones de consumo analizados en millones de datos.

◆ Big Data y Analítica Predictiva

Una máquina moderna puede generar terabytes de datos al día. El Big Data permite transformar estos datos en información valiosa para mejorar procesos, reducir costos y anticipar tendencias.

◆ Robótica Avanzada y Cobots

Los robots industriales han evolucionado. Los cobots son robots diseñados para interactuar y colaborar con humanos en tareas compartidas, aportando seguridad, eficiencia y flexibilidad.

◆ Fabricación Aditiva (Impresión 3D)

Ya no se fabrican solo prototipos. Hoy en día, la impresión 3D permite la creación de piezas finales en sectores como automotriz, aeronáutica y médico, reduciendo los tiempos de diseño y personalizando componentes.

🏗️ Impacto Profundo en la Manufactura Tradicional

La implementación de la Industria 4.0 ha generado cambios estratégicos en la manufactura:

Producción autónoma: Plantas como la de Siemens en Amberg operan con más del 75% de los procesos completamente automatizados.

Reducción de costos: Según McKinsey, las fábricas inteligentes pueden reducir los costos operativos hasta en un 30%.

Mayor agilidad: Frente a disrupciones como la pandemia del COVID-19, las fábricas inteligentes pudieron adaptar rápidamente sus líneas de producción (por ejemplo, para fabricar respiradores o insumos médicos).

Control de calidad extremo: Sistemas basados en visión artificial y machine learning detectan defectos de producción con una precisión del 99.9%, mucho mayor que la inspección humana.

🚀 Hacia una Nueva Era Industrial

La Industria 4.0 es apenas el principio. Ya se habla de la Industria 5.0, donde la colaboración entre humanos y máquinas será aún más estrecha, priorizando personalización extrema, sostenibilidad y experiencias humanas mejoradas.

Este futuro plantea desafíos no solo tecnológicos, sino también éticos, laborales y regulatorios:

¿Cómo protegeremos los datos industriales? ¿Qué haremos para evitar brechas laborales y educativas? ¿Cómo lograremos un desarrollo industrial realmente sostenible?

La transformación digital en la manufactura no es una opción; es una evolución necesaria para competir en un mundo cada vez más ágil, globalizado y exigente.

◼ Capítulo 2
El rol de la automatización en la nueva era industrial

⚙ Una nueva automatización para una nueva era

La automatización no es un concepto nuevo. Desde la tercera revolución industrial, la industria ha buscado reducir la intervención humana mediante sistemas mecánicos y electrónicos que ejecutan tareas repetitivas. Sin embargo, en el contexto de la Industria 4.0, la automatización ha evolucionado de forma radical: ya no se trata solo de automatizar acciones, sino de automatizar decisiones y optimizar procesos en tiempo real, gracias a tecnologías como la inteligencia artificial, los sistemas ciberfísicos y el Internet de las Cosas.

🔍 Hoy hablamos de automatización inteligente, adaptativa y autónoma.

Esto significa que las máquinas no solo ejecutan órdenes, sino que aprenden del entorno, se ajustan a nuevas condiciones, y toman decisiones de forma independiente basándose en enormes volúmenes de datos.

⚫ Tipos de automatización en la industria moderna

La automatización en la Industria 4.0 se presenta en varios niveles. A continuación, una clasificación profunda y práctica:

◆ Automatización Fija

- Se utiliza para tareas altamente repetitivas y de gran volumen. Las líneas de montaje tradicionales son el mejor ejemplo. Aunque poco flexible, es extremadamente eficiente para productos estandarizados.

- ◆ Automatización Programable

- • Permite modificar la secuencia de operaciones mediante programación, como en líneas que producen diferentes versiones de un producto. Utiliza controladores lógicos programables (PLC) que ejecutan tareas basadas en códigos lógicos.

- ◆ Automatización Flexible o Inteligente

- • Impulsada por IA y machine learning, esta automatización se adapta dinámicamente a variables del entorno (como demanda del cliente, fallas en la línea, o cambios de diseño), logrando niveles sin precedentes de agilidad y resiliencia operativa.

🏭 Impacto profundo de la automatización en la manufactura

La automatización ha transformado las fábricas tradicionales en ecosistemas digitales inteligentes. A continuación, examinamos los principales impactos estructurales de esta transformación:

■ Reducción de errores y defectos

🔧 Sistemas automatizados ejecutan tareas con precisión milimétrica y coherencia absoluta.

🔍 Sensores y visión artificial detectan defectos invisibles al ojo humano.

■ Empresas como General Electric han logrado reducir en un 20% los defectos de calidad en líneas automatizadas frente a procesos manuales.

⏱ Mejora de la eficiencia operativa

◎ La automatización permite operar 24/7 sin pausas, aumentando la productividad.

■ Se eliminan tiempos muertos, retrasos humanos, y cuellos de botella, gracias a sistemas de flujo continuo de datos.

💡 La empresa Tesla, por ejemplo, utiliza automatización avanzada en su fábrica de Fremont, donde se ensamblan autos en cuestión de horas.

⚡ Aceleración del time-to-market

⬢ El tiempo desde la conceptualización del producto hasta su disponibilidad en el mercado se ha reducido drásticamente.

🌐 El uso de simulaciones digitales, gemelos digitales y automatización del diseño permite validar y lanzar nuevos productos en semanas, no meses.

👤 **Rediseño del papel del trabajador**

La automatización no reemplaza completamente al humano, sino que transforma su función:

- De operador manual → a supervisor digital de procesos
- De ejecutor de tareas → a analista de datos y gestor de sistemas
- De fuerza operativa → a tomador de decisiones estratégicas

🔷 Esto implica una reskilling masiva y la creación de nuevos perfiles como:

Especialistas en automatización, programadores de robots, ingenieros de integración, analistas de datos industriales, entre otros.

⊕ Casos reales del poder transformador de la automatización

🔧 Bosch implementó una planta modelo en Alemania basada completamente en automatización inteligente y IIoT, donde más del 85% de las decisiones se toman en tiempo real por sistemas ciberfísicos.

🔷 Amazon opera con más de 750.000 robots móviles en sus centros logísticos, coordinados por algoritmos inteligentes que reducen los tiempos de procesamiento en un 40%.

🚜 John Deere, líder en maquinaria agrícola, utiliza automatización avanzada para ensamblar tractores con una precisión que antes requería días. Hoy, lo logran en horas con una eficiencia del 98%.

✸ Automatización + Datos: la nueva dupla del poder industrial

La automatización cobra sentido completo cuando se combina con la inteligencia de datos. Esta sinergia permite:

- ■ Mantenimiento predictivo: evitando fallos antes de que ocurran

- ▦ Optimización energética: mediante ajustes automáticos en función de consumo y demanda

- ◆ Gestión dinámica de inventarios: ajustando órdenes en función del comportamiento del cliente

📌 *Ejemplo:* Una empresa de bebidas puede ajustar automáticamente la producción de un sabor específico según el aumento de la demanda en regiones calurosas, gracias a sensores, IA y automatización.

🔖 Retos y desafíos de la automatización en la Industria 4.0

Aunque los beneficios son inmensos, también existen desafíos críticos:

- 🛡 *Seguridad cibernética:* más automatización implica más vulnerabilidades digitales.

- 💬 *Formación de talento:* la brecha de habilidades técnicas puede frenar la adopción.

- ⚖ *Impacto social:* la automatización masiva puede provocar desplazamiento laboral si no hay políticas de transición adecuadas.

- ✖ *Altos costos iniciales:* muchas pymes aún consideran inalcanzable la inversión en automatización inteligente.

🚀 Hacia la automatización total: ¿Utopía o realidad?

Las tendencias indican que la automatización seguirá expandiéndose:

- ● En países como Corea del Sur y Alemania ya existen más de 300 robots por cada 10.000 trabajadores en la industria.

- ● La colaboración entre humanos y máquinas (cobots) marcará el próximo hito.

- ● Se espera una automatización cognitiva capaz de comprender lenguaje natural, adaptar procesos creativos, y resolver problemas imprevistos.

El desafío no es detener la automatización, sino integrarla responsablemente en un modelo de producción sostenible, humano y estratégico.

🔳 Capítulo 3 – 🗿 Robótica industrial: más allá de la automatización

La robótica industrial es mucho más que brazos metálicos repitiendo movimientos en fábricas. En la era de la Industria 4.0, los robots se han convertido en sistemas inteligentes, conectados, colaborativos y autónomos, capaces de tomar decisiones, aprender y trabajar codo a codo con seres humanos.

📍 *Lejos de ser una simple herramienta de automatización, la robótica industrial es ahora el núcleo operativo de las plantas modernas, impulsando productividad, precisión y agilidad.*

🏛 Tipos de robots industriales y sus aplicaciones

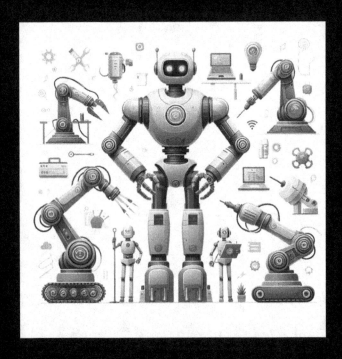

Existen varios tipos de robots diseñados para tareas específicas dentro de la manufactura. Aquí los más representativos:

💪 **1. Robots articulados (multiejes)**

🔧 Son los más comunes y versátiles en la industria. Poseen varios grados de libertad y simulan el movimiento de un brazo humano.

💡 Aplicaciones: **soldadura, pintura, ensamblaje, empaque, manipulación de materiales, paletización.**

⬛ Ejemplo real: **En la industria automotriz, marcas como Ford y Toyota utilizan miles de estos robots para soldar y ensamblar carrocerías con precisión milimétrica.**

🏗️ 2. Robots SCARA (Selective Compliance Articulated Robot Arm)

🌀 Especializados en movimientos horizontales rápidos y precisos. Son ideales para tareas repetitivas a alta velocidad.

💡 **Aplicaciones:** ensamblaje electrónico, inserción de piezas, empaque y etiquetado.

⬛ **Ejemplo real:** Usados por fabricantes de chips y componentes electrónicos como Foxconn o Intel para colocar microcomponentes en placas de circuito.

⚒ 3. Robots cartesianas (o rectilíneos)

◢ Se mueven en los ejes X, Y y Z de forma lineal. Son simples y precisos.

☗ Aplicaciones: CNC, impresión 3D, pick & place.

◼ **Ejemplo real:** Impresoras industriales de gran formato o máquinas de fresado digitalizadas.

■ 4. Robots delta (o de araña)

🕸 **Extremadamente rápidos, con alta aceleración y baja carga útil. Se utilizan principalmente para manipulación de objetos pequeños.**

🍴 Aplicaciones: **clasificación de productos, ensamblaje ligero, packaging.**

■ Ejemplo real: **En líneas de producción de alimentos como chocolates o botellas, empresas como Nestlé los usan para embalar productos a velocidades increíbles.**

⚙ 5. Robots cilíndricos y esféricos

🔧 Aunque menos comunes, son útiles en tareas que requieren alcance radial o manipulación dentro de cilindros y espacios curvos.

📍 Aplicaciones: fundición, manipulación de piezas cilíndricas o en espacios estrechos.

🐾 Cobots: la nueva generación de robots colaborativos

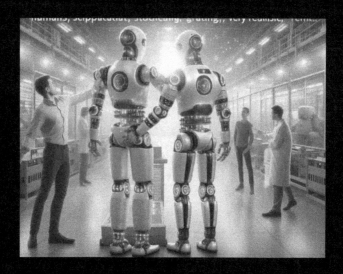

A diferencia de los robots industriales tradicionales, que operan en celdas cerradas por seguridad, los cobots (collaborative robots) están diseñados para interactuar de forma segura con humanos, compartiendo espacio de trabajo en tiempo real.

☀ Características principales de los cobots:

- ⬡ Seguridad integrada: sensores, límites de fuerza, paro automático ante contacto humano.

- ⬤ Programación intuitiva: pueden ser entrenados manualmente arrastrando sus brazos.

- ◼ Versatilidad: pueden reasignarse fácilmente a diferentes tareas sin necesidad de reprogramación compleja.

- ☛ Tamaño compacto: perfectos para entornos pequeños o líneas flexibles.

👤 Aplicaciones típicas de los cobots:

- Ensamblaje de precisión

- Inspección de calidad visual

- Empaque y logística

- Tareas repetitivas o físicamente exigentes que generan fatiga en humanos

🔲 **Ejemplo real:** **La empresa Universal Robots, pionera en cobots, ha desplegado más de 50.000 cobots en el mundo en industrias tan variadas como farmacéutica, electrónica y alimentos.**

🚀 Tendencias emergentes en robótica aplicada a la producción

🔗 1. Robótica conectada al IoT (IIoT)

🌐 **Los robots ahora están integrados a sistemas en red que permiten:**

- **Diagnóstico remoto**

- **Mantenimiento predictivo**

- **Análisis de datos en tiempo real**

◼ **Ejemplo real: Siemens emplea redes IIoT que conectan robots a plataformas de análisis en la nube, optimizando sus ciclos operativos.**

💬 2. Robótica con inteligencia artificial

Los robots ya no solo siguen instrucciones: ahora aprenden y se adaptan.

- 📊 Machine learning les permite mejorar procesos a través de la experiencia.

- ◼️ Visión computacional los hace capaces de identificar objetos, leer etiquetas o reconocer defectos.

- 🔍 Deep learning permite interpretar contextos complejos y adaptar su comportamiento.

◻️ Ejemplo real: ABB ha desarrollado robots que aprenden nuevas tareas con pocas repeticiones mediante IA, ahorrando semanas de programación.

🧬 3. Robótica modular y personalizable

✳️ Nuevos diseños permiten reconfigurar los robots según las necesidades. Se habla de robótica "plug & play", donde un solo robot puede asumir múltiples funciones en distintas líneas.

💪 4. Robótica móvil autónoma (AMR)

Los AMR son robots que se desplazan de forma autónoma dentro de plantas, sin necesidad de guías físicas.
🔷 Aplicaciones: logística interna, traslado de materiales, reabastecimiento.

◻️ Ejemplo real: Amazon Robotics ha desarrollado AMRs que recorren kilómetros diarios dentro de sus centros de distribución, sin intervención humana.

👤 5. Robótica en la nube (Robot-as-a-Service)

Las empresas ya no necesitan comprar robots, sino que pueden contratar su uso como servicio, con mantenimiento, software y soporte incluidos.

⬛ **Ejemplo real:** Empresas como Ready Robotics y Formic ofrecen modelos de suscripción mensual para PYMEs industriales.

👤 ¿Qué nos depara el futuro de la robótica industrial?

- ● Robots cada vez más autónomos y cognitivos, con capacidad de juicio contextual

- ⚒ Fábricas completamente reconfigurables, donde robots flexibles adaptan la producción sin intervención humana

- 👆 🗣 Interacción natural entre humanos y robots, con comunicación por voz, gestos y realidad aumentada

- ⸸ Robótica sostenible: materiales reciclables, consumo energético eficiente, integración circular

■ Capítulo 4
■ Integración de sistemas: la comunicación entre máquinas y humanos

♣ El corazón invisible de la Industria 4.0: la integración de sistemas

🌐 **En la era de la Industria 4.0, ya no basta con tener máquinas avanzadas y robots inteligentes: lo que realmente transforma una planta en inteligente es la conexión fluida y**

eficiente entre todos sus sistemas, desde sensores y actuadores, hasta interfaces humanas y plataformas de análisis en la nube.

🗣️ Esta integración permite que personas, dispositivos, robots y softwares colaboren en tiempo real, intercambiando datos para tomar decisiones informadas y ágiles.

⬤ Es, en esencia, el cerebro digital que orquesta toda la fábrica conectada.

IoT Industrial (IIoT): la base del ecosistema conectado

El Internet de las Cosas Industrial (IIoT) es el pilar tecnológico que conecta máquinas, sensores, dispositivos móviles, plataformas cloud y sistemas de gestión.

🛠️ ¿Qué hace diferente al IIoT del IoT convencional?

- 🔌 Enfoque en entornos industriales: plantas, maquinaria pesada, producción en tiempo real.

- 🔒 Altos estándares de ciberseguridad y confiabilidad.

- ⚫ Tolerancia a condiciones críticas como humedad, calor extremo, vibraciones.

- ⬜ Recolección y análisis masivo de datos en el edge y en la nube.

📍 Componentes clave del IIoT:

- ⚪ **Sensores inteligentes: capturan temperatura, vibración, consumo, presión, etc.**

- 🛠 **Actuadores: responden a comandos del sistema para ajustar procesos.**

- 📡 **Gateways industriales: conectan redes locales con internet o redes privadas.**

- **Plataformas cloud: almacenan, visualizan y procesan la información.**

- 🛎 **Inteligencia artificial: analiza patrones, predice fallos y optimiza operaciones.**

✏ **Ejemplo práctico:** Una planta embotelladora de bebidas puede tener miles de sensores midiendo velocidad de llenado, temperatura del líquido, integridad de botellas y estado de las cintas transportadoras. Todos estos datos son recolectados por el IIoT, detectando anomalías en tiempo real y ajustando el proceso sin intervención humana.

🌐 Redes industriales inteligentes: la columna vertebral de la conectividad

Para que la comunicación máquina-máquina y humano-máquina sea posible, se necesita una infraestructura de red robusta, rápida, segura y confiable. Aquí entran en juego las redes industriales inteligentes.

🚀 Características de las redes modernas en la industria:

- ⏱ **Baja latencia y alta velocidad:** crucial para control en tiempo real.

- ◼ **Alta disponibilidad (redundancia):** evitan interrupciones críticas.

- 🔐 **Seguridad multicapa:** cifrado de datos, firewalls industriales, autenticación robusta.

- 🐛 **Escalabilidad:** permiten añadir nuevos dispositivos fácilmente.

- ⚙ **Soporte para múltiples protocolos industriales.**

🔧 Principales tecnologías utilizadas:

- 💬 Ethernet Industrial (Profinet, EtherCAT, Modbus TCP/IP, Ethernet/IP)

- 📡 Redes inalámbricas industriales (Wi-Fi industrial, LoRaWAN, 5G industrial)

- 🔗 Redes de campo (Fieldbus: Profibus, CANopen, DeviceNet)

- ⚪ Time-Sensitive Networking (TSN): priorización de tráfico crítico en redes Ethernet.

⬜ Caso real:

En una planta de manufactura automotriz, cientos de brazos robóticos y sensores están sincronizados mediante EtherCAT y TSN, permitiendo una producción coordinada y sin colisiones, todo gestionado desde un centro de comando en tiempo real.

🐚 Interoperabilidad de dispositivos: que todos hablen el mismo idioma

Uno de los mayores retos (y logros) de la integración de sistemas es lograr que dispositivos de distintos fabricantes, edades y tecnologías se comuniquen entre sí sin fricciones.

⚙ ¿Qué es la interoperabilidad industrial?

Es la capacidad de los sistemas y equipos de distintas marcas y protocolos para intercambiar datos y operar de forma conjunta, sin necesidad de grandes modificaciones. Esto incluye:

- ⬆ Intercambio de datos estandarizados

- ✹ Conectores universales (middleware, APIs)

- ▉ Protocolos abiertos y formatos de datos comunes

◼ Traducción automática de comandos entre equipos

🔧 **Herramientas clave para la interoperabilidad:**

- 🛰 **OPC UA (Open Platform Communications Unified Architecture):** estándar para conectar cualquier equipo con cualquier software, en tiempo real y de forma segura.

- 🔷 **Middleware industrial:** software intermedio que traduce y coordina la comunicación entre distintos dispositivos.

- ⚙ **Digital Twins:** representaciones virtuales de máquinas físicas que unifican los datos independientemente de su origen.

🔗 **API industriales: conectan sensores y robots con sistemas ERP/MES.**

💡 Ejemplo aplicado:

Una empresa que usa sensores Siemens, robots Fanuc y sistemas de control Allen-Bradley puede integrar todos sus dispositivos usando OPC UA y un middleware industrial, logrando que la información fluya desde la línea de producción hasta el tablero gerencial en tiempo real.

⬤ Humanos y máquinas: una nueva forma de comunicarse

La integración no solo es entre máquinas. El papel del humano sigue siendo central, pero ahora con nuevas interfaces inteligentes que permiten interpretar y gestionar sistemas complejos:

🖥 Interfaces hombre-máquina (HMI):

- Pantallas táctiles intuitivas

- Dashboards con visualización en tiempo real

- Alertas predictivas y recomendaciones automáticas

- Control remoto desde dispositivos móviles

💬 Asistentes virtuales industriales:

- Interfaces por voz para control de maquinaria

- Asistentes con IA que dan sugerencias para mantenimiento o mejoras

- Realidad aumentada para entrenar operadores y supervisar procesos

📲 Aplicaciones móviles industriales:

- Supervisión remota de líneas productivas

- Notificaciones de fallos o anomalías

- Control seguro de equipos desde tablets o smartphones

👤 El futuro de la integración: fábricas pensantes, humanos aumentados

- 💬 Fusión total entre lo físico y lo digital mediante gemelos digitales y simulación en tiempo real.

- 🌐 Redes 6G industriales con latencias ínfimas y conectividad ubicua.

- 👤 Interfaces cerebro-computadora que permitirán a operarios interactuar con sistemas complejos solo con su pensamiento.

- 🤝 Co-decisión humano-máquina: algoritmos que sugieren decisiones, y humanos que eligen la mejor alternativa.

■Capítulo 5
Inteligencia Artificial y Machine Learning en la manufactura

💬 La inteligencia como nuevo motor industrial

🚀 La Cuarta Revolución Industrial no solo está marcada por la conectividad, la automatización y los sensores: el gran salto evolutivo lo está dando la capacidad de las máquinas para aprender, analizar y tomar decisiones, es decir, la inteligencia artificial.

⬛ En el entorno industrial, la IA y el ML permiten optimizar procesos complejos, reducir errores humanos, predecir fallos antes de que ocurran, y llevar el rendimiento al máximo nivel posible.

¿Qué es la IA industrial y cómo se diferencia del software tradicional?

- 🌑 La IA no sigue reglas fijas: aprende de datos históricos y se adapta.

- ■ El Machine Learning entrena modelos predictivos que evolucionan con la operación.

- 🔍 Se aplica en visión artificial, análisis predictivo, mantenimiento inteligente, control de procesos, seguridad, logística y más.

- 🗣 La IA se integra con el IIoT, ERP, MES y SCADA, generando decisiones autónomas en tiempo real.

🛠️ Áreas clave de aplicación de IA y ML en manufactura

A Key areas of of annplattions of

🔍 1. Control de calidad automático (Computer Vision + IA)

📺 Las cámaras industriales y sensores visuales, junto con algoritmos de visión computarizada, permiten detectar defectos invisibles al ojo humano, en milisegundos y sin pausas.

💡 *Ejemplos:*

- 🔍 Detección de microgrietas en piezas metálicas con redes neuronales convolucionales (CNN).

- 🎨 Revisión de pintura y acabados estéticos en automóviles.

- 🥫 Control de etiquetas, nivel de llenado y sellado en la industria alimentaria.

- Cero fatiga (a diferencia de los operadores humanos).

- Alta precisión y repetibilidad.

- Reducción drástica de producto no conforme.

🛠 2. Mantenimiento predictivo (Predictive Maintenance)

🔧 El mantenimiento tradicional actúa después de una falla. El mantenimiento preventivo lo hace en intervalos fijos. Pero el predictivo, impulsado por IA, anticipa cuándo y por qué ocurrirá una falla, antes de que suceda.

■ ¿Cómo funciona?

- 🐾 Sensores capturan datos (vibración, temperatura, corriente, presión).

- ■ El modelo de ML analiza estos datos y detecta patrones de degradación.

- ⏰ Se genera una alerta con antelación para reparar o reemplazar la pieza afectada.

✏ Ejemplos:

- Turbinas que informan 2 semanas antes cuándo debe cambiarse un rodamiento.

- Motores eléctricos que predicen fallos en bobinas.

- **Bombas hidráulicas que notifican desbalanceo o cavitación.**

💰 Impacto:

- Menor tiempo de inactividad (downtime).

- Ahorro en repuestos.

- Mayor vida útil de los activos.

🧮 3. Optimización de procesos y toma de decisiones

◻️ Los algoritmos de IA y ML permiten analizar datos operativos en tiempo real y recomendar o ejecutar ajustes para maximizar el rendimiento de la producción.

💬 Casos de uso:

- Ajustar automáticamente los parámetros de una línea para maximizar eficiencia.

- Reconfigurar la producción en función de demanda variable.

- Simulación inteligente para planificar cambios en el layout o en los turnos.

◆ Resultados:

- Aumento de productividad.

- Reducción de desperdicios y costos.

- Procesos más ágiles y resilientes.

✎ Casos prácticos reales de IA en manufactura

🚗 BMW – Control de calidad automatizado con IA visual

🔍 BMW usa sistemas de visión artificial con IA en sus líneas de montaje para verificar alineación perfecta de paneles, pintura sin imperfecciones y ensamblajes precisos.

Resultado: **98% de precisión en la detección de defectos y reducción del retrabajo en un 35%.**

🔧 Siemens – Mantenimiento predictivo en fábricas digitales

📡 En su planta de Amberg, Siemens implementó IA para monitorear maquinaria en tiempo real. El sistema predice fallos con hasta 7 días de anticipación y evita paradas imprevistas costosas.
 Ahorro estimado: más de 1,5 millones de euros anuales en mantenimiento.

✏️ Procter & Gamble – Optimización dinámica de procesos

💬 P&G utiliza IA para ajustar automáticamente variables en sus líneas de producción de productos de cuidado personal. El algoritmo analiza el rendimiento y recalibra los procesos en minutos.

Resultado: 10% de incremento en productividad y reducción de desperdicio en 15%.

💡 Beneficios estratégicos de implementar IA en manufactura

◼ Productividad superior y eficiencia energética

- Producción más rápida y precisa.

- Reducción de tiempos muertos.

- Ahorro de energía mediante ajuste de procesos en tiempo real.

◼ Calidad consistente y confiable

- Menos defectos, menos retrabajo.

- Estándares de calidad sostenidos 24/7.

- Mejora en la satisfacción del cliente final.

◼ Costos operativos más bajos

- Menos pérdidas por fallas.

- Uso óptimo de materias primas y energía.

- Menor necesidad de inspección manual.

◼ Toma de decisiones más inteligentes

- Visualización en tiempo real.

- Análisis predictivo para anticipar problemas.

- Recomendaciones automáticas respaldadas por datos.

Retos y consideraciones clave

🔷 1. Calidad y volumen de datos

La IA aprende de los datos. Sin una buena base de datos industriales (limpios, etiquetados, suficientes), los modelos no funcionan correctamente.

🔒 2. Ciberseguridad industrial

La conexión de sistemas a la nube y la centralización de decisiones hacen que la protección contra ataques y accesos no autorizados sea crítica.

👥 3. Capacitación del personal

No basta con tener IA: los operadores, técnicos y directivos deben comprender cómo usarla e interpretar sus recomendaciones.

⚙ 4. Integración con sistemas legados

Muchas fábricas aún operan con sistemas
antiguos. Integrar IA sin reemplazar todo puede requerir adaptadores, middleware y esfuerzo técnico considerable.

👤 El futuro: fábricas inteligentes que piensan por sí solas

- 🌑 IA generativa industrial para diseñar nuevas configuraciones de producción automáticamente.

- 🤖 IA autónoma + robótica colaborativa para entornos de producción que se autorregulan.

- 🌐 Edge AI: procesamiento de IA directamente en el sensor, sin depender de la nube.

- 🧊 Gemelos digitales con IA: simulación constante del sistema real para prever cualquier contingencia.

■Capítulo 6
Producción inteligente: manufactura aditiva y digital twins

◆ La reinvención radical de la manufactura

⚙ En la era de la Industria 4.0, la producción ha dejado de ser un proceso estático y rígido. La producción inteligente introduce tecnologías que permiten crear, simular y personalizar productos de forma digital y eficiente, incluso antes de que se fabriquen físicamente.

◼ En este nuevo paradigma, la impresión 3D industrial (manufactura aditiva) y los digital twins (gemelos digitales) emergen como catalizadores de transformación. Juntas, estas tecnologías están redefiniendo los modelos tradicionales de producción, reduciendo tiempos, optimizando costos y habilitando niveles inéditos de personalización.

Impresión 3D industrial: del prototipo a la producción masiva

🧬 ¿Qué es la manufactura aditiva?

✚ A diferencia de la manufactura sustractiva (que elimina material), la manufactura aditiva construye objetos capa por capa, directamente a partir de un modelo digital.

⬤ La impresión 3D ya no es una herramienta de laboratorio:

se ha convertido en una tecnología robusta, escalable y altamente productiva, capaz de fabricar desde prototipos hasta piezas finales de uso industrial.

🏭 Aplicaciones en la industria

- 🛠 Piezas de repuesto bajo demanda: reducción drástica de inventarios y logística.

- ✈ Componentes ligeros para aeronáutica con geometrías complejas y estructuras optimizadas.

- 🚗 Fabricación rápida de utillajes y moldes en automoción.

- 🔲 Implantes médicos personalizados y prótesis bioadaptadas.

- ⚪ Piezas complejas sin ensamblajes: reducción de peso y simplificación de diseño.

- **FDM (Fused Deposition Modeling): para plásticos técnicos.**

- **SLS (Selective Laser Sintering): sinterizado de polvo para piezas funcionales.**

- DMLS / SLM (Metal Laser Melting): impresión directa de metales para componentes industriales.

- Binder Jetting: impresión rápida de piezas metálicas sin soportes.

⚖️ Ventajas competitivas

- ⏱️ Reducción de tiempos de producción (de semanas a días u horas).

- ⚪ Fabricación personalizada sin aumentar costos.

- ⬡ Eliminación de stocks físicos: se imprime bajo demanda.

- Menor desperdicio de material.

- 💡 Innovación en diseño: geometrías imposibles con métodos tradicionales.

🔸 Limitaciones y desafíos

- ⚙ Escalabilidad limitada frente a métodos convencionales en grandes volúmenes.

- 🧩 Costos aún elevados para ciertos materiales y equipos industriales.

- ◼ Necesidad de postprocesado y acabados en muchos casos.

- ✏ Certificación de calidad para sectores críticos (aeronáutica, medicina, etc.).

🗨 Gemelos digitales: el espejo virtual de la fábrica real

⬜ ¿Qué es un digital twin?

📱 Un gemelo digital es una representación virtual dinámica y

precisa de un proceso, máquina, producto o planta, basada en datos en tiempo real.

◼ Este modelo digital no solo simula el comportamiento del sistema físico, sino que también interactúa con él, analiza su rendimiento y predice su evolución.

🏗 Aplicaciones industriales clave

- 🏭 Simulación de líneas de producción antes de su implementación física.
- 🔧 Optimización de maquinaria en tiempo real mediante análisis predictivo.
- ⬡ Logística interna y flujos de materiales modelados y mejorados virtualmente.

- ✏️ Testeo de productos en entornos simulados para prever fallos antes del lanzamiento.

📡 Datos y sensores: el alma del gemelo digital

- 🔌 IoT industrial (IIoT) provee los datos en tiempo real.

- ⬛ Sistemas SCADA, MES y ERP alimentan el gemelo con información operativa.

- 💬 Modelos predictivos basados en IA y ML permiten análisis complejos y decisiones autónomas.

🚀 Beneficios estratégicos

- 🖊️ Reducción del tiempo de desarrollo de productos y procesos.

- 🛠️ Pruebas sin riesgos ni costos físicos.

- ⬜ Iteración y mejora continua basada en datos reales.

- ⬜ Disminución del tiempo de inactividad no planificado.

- 🔬 Detección anticipada de anomalías o ineficiencias.

✴ Impacto de estas tecnologías en la manufactura moderna

Reducción de tiempos de desarrollo y producción

- Las simulaciones virtuales evitan errores antes de construir físicamente.

- La impresión 3D permite pasar del diseño al objeto real en horas.

- El tiempo entre idea y ejecución se ha acortado como nunca antes.

💰 Ahorro de costos en toda la cadena productiva

- Menos necesidad de moldes, herramientas o utillajes caros.

- Menor dependencia de proveedores externos o inventarios sobredimensionados.

- Simulaciones que evitan desperdicio de recursos en pruebas físicas.

✸ Personalización sin penalización

- Se pueden producir variantes personalizadas sin rediseñar la línea de producción.

- Ideal para mercados como salud, automoción, moda técnica, y productos de nicho.

🔗 Hacia fábricas totalmente digitales y autónomas

- El gemelo digital se convierte en el centro de orquestación de toda la planta.

- La impresión 3D actúa como brazo ejecutor flexible e inteligente.

🧑 El futuro: manufactura autónoma, autooptimizante y bajo demanda

- 🏭 Fábricas sin planos físicos: todo nace y se ajusta en entornos digitales.

- ◼ Digital twins que aprenden solos gracias al Machine Learning.

- ⬣ Producción descentralizada con hubs de impresión 3D cercanos al consumidor.

- 🌐 Simulación multiempresa: cadenas de suministro enteras modeladas en gemelos digitales colaborativos.

Capítulo 7
Nuevos modelos de producción y negocio en la Industria 4.0

◼ Un cambio de paradigma: de la producción masiva al modelo inteligente

◼ Durante décadas, la producción industrial giró en torno a la eficiencia de escala: grandes volúmenes, estandarización y cadenas de suministro globales. Sin embargo, con la llegada de la Industria 4.0, estos cimientos están cambiando radicalmente.

🚀 Hoy, gracias a tecnologías como la inteligencia artificial, el Internet de las Cosas (IIoT), la robótica avanzada y la analítica predictiva, se están adoptando nuevos modelos productivos más flexibles, personalizados y orientados al servicio, donde los datos son el principal activo estratégico.

🛒 Producción bajo demanda: fabricar solo cuando se necesita

🔧 ¿Qué es la producción bajo demanda?

⬢ La producción bajo demanda implica fabricar productos solo cuando hay un pedido concreto, en lugar de producir grandes lotes anticipadamente. Este modelo se basa en una cadena digitalizada, ágil y altamente responsiva, impulsada por datos en tiempo real.

● Características clave

- ⬢ **Fabricación personalizada sin afectar los costos operativos.**

- ▦ **Planificación dinámica de la producción, según necesidades reales.**

- ⚒ **Flexibilidad de líneas y máquinas para adaptarse rápidamente a nuevos diseños.**

- ■ **Reducción de inventarios, desperdicios y sobreproducción.**

🏭 Impacto en la industria

- En moda y calzado, empresas como Adidas o Nike implementan microfábricas que personalizan productos al instante.

- En electrónica, marcas ensamblan productos una vez recibida la orden del cliente.

- En manufactura aditiva, la impresión 3D permite producir una sola unidad eficiente y rentable.

🌐 Condiciones tecnológicas necesarias

- **Plataformas de e-commerce integradas con los sistemas de producción.**

- **Gemelos digitales que permiten simular la fabricación antes de ejecutar.**

- **Robótica adaptable, impresión 3D y líneas de montaje modulares.**

- **ERP y MES en tiempo real conectados al IIoT.**

⚒ Servitización industrial: vender servicios, no productos

💡 ¿Qué es la servitización?

⬜ La servitización es la evolución del modelo tradicional de venta de productos hacia la oferta de servicios asociados al uso o desempeño de esos productos. En vez de vender un equipo, el fabricante ofrece un contrato de rendimiento, mantenimiento o disponibilidad.

💼 Ejemplos reales de servitización

- 🛩️ Rolls-Royce ofrece motores de avión con el modelo "Power by the Hour", cobrando por horas de funcionamiento, no por el motor.

- 🚜 **John Deere vende sus tractores junto con sistemas de monitoreo y servicios de optimización de cultivos.**

- 🏭 **Empresas de compresores industriales ofrecen aire comprimido como servicio, no los equipos.**

🧩 Ventajas estratégicas

- ■ Ingresos recurrentes y previsibles para el proveedor.
- 💼 Mayor fidelización del cliente y mejora continua del producto.
- ■ Recopilación constante de datos que retroalimentan el diseño y mantenimiento.
- 🌱 Sostenibilidad: los fabricantes optimizan el ciclo de vida completo del producto.

🔔 Claves tecnológicas para la servitización

- Sensores embebidos e IoT para monitoreo constante.

- Plataformas cloud para gestión remota.

- IA y analítica de datos para detectar anomalías y predecir fallas.

- Sistemas de billing y CRM adaptados a modelos as-a-service.

Modelos de negocio basados en datos: el valor del conocimiento

El dato como activo productivo

🐾 En la Industria 4.0, los datos ya no son subproductos secundarios de la operación: son el insumo principal para generar valor, innovación y ventaja competitiva.

🌐 A través de la captura, análisis y explotación de datos industriales, las empresas pueden anticiparse a la demanda, optimizar procesos, personalizar ofertas y crear productos completamente nuevos basados en patrones de uso.

💼 Nuevos modelos de negocio centrados en datos

- **Data-as-a-Service (DaaS): empresas venden datos o insights generados por sus propios dispositivos y procesos.**

- **Plataformas predictivas:** cobran por suscripciones que ofrecen recomendaciones operativas en tiempo real.

- **Modelos freemium + analítica avanzada:** donde el producto es gratuito pero el acceso a los datos y su análisis es monetizado.

- **Inteligencia de mercado personalizada:** empresas que ofrecen dashboards industriales específicos para cada cliente.

🔒 Retos y consideraciones éticas

- ⚖️ **Gobernanza de datos:** ¿quién es dueño de la información generada?

- 🔒 Ciberseguridad industrial: riesgo elevado al compartir datos en entornos digitales.

- ▮ Cumplimiento normativo (GDPR, ISO/IEC 27001, etc.): **vital para modelos internacionales.**

⚙ Convergencia de modelos: producción flexible, orientada al servicio y basada en datos

▮ Los tres modelos (producción bajo demanda, servitización y monetización de datos) no son excluyentes. En realidad, se potencian entre sí en el marco de fábricas inteligentes y conectadas.

💡 Una empresa puede fabricar un producto personalizado bajo pedido, ofrecerlo como servicio con mantenimiento predictivo y además monetizar los datos del uso del cliente para mejorar el diseño, ajustar la operación y proponer nuevos servicios.

✳️ adaptarse o quedarse atrás

◼️   Los modelos de negocio tradicionales están quedando obsoletos frente al empuje de la digitalización industrial.

◼️ Las empresas que comprendan e integren estos nuevos enfoques podrán adaptarse más rápido al mercado, reducir riesgos, incrementar ingresos y establecer relaciones duraderas con los clientes.

🚩 La Industria 4.0 no solo cambia cómo se produce, sino qué se vende, cómo se vende y por qué el valor ya no está solo en el producto, sino en el servicio, el dato y la experiencia.

🪦 Capítulo 8
Impacto en el empleo y en las habilidades del futuro

- Automatización y desplazamiento laboral
- Nuevas competencias y roles emergentes
- La importancia de la capacitación continua

⚙ Automatización y desplazamiento laboral: ¿amenaza o transformación?

■ La automatización industrial, potenciada por la inteligencia artificial, la robótica y los sistemas ciberfísicos, ha generado una preocupación legítima: ¿reemplazarán las máquinas a los humanos?

● Si bien algunos puestos de trabajo están en riesgo, la realidad es más compleja y profunda. La Industria 4.0 no elimina el trabajo humano, sino que lo transforma radicalmente, desplazando ciertas funciones repetitivas y físicas, pero creando nuevas oportunidades centradas en habilidades cognitivas, técnicas y emocionales.

🏭 Ocupaciones más susceptibles de automatización

🏭 **Operarios de línea de ensamblaje con tareas repetitivas.**

📱 **Supervisores de control manual de calidad, reemplazados por IA y visión computarizada.**

◆ **Almacenistas y personal logístico tradicional, ante la irrupción de robots móviles y sistemas de picking automatizado.**

⬛ **Analistas de datos básicos, superados por algoritmos de analítica avanzada.**

✹ ¿Qué tareas permanecen o se fortalecen?

- 🗨 **Toma de decisiones estratégicas complejas.**

- 🗨 **Interacción humana personalizada, servicio al cliente y negociación.**

- 🛠 **Mantenimiento de máquinas avanzadas y gestión de tecnología.**

- ✏ **Creatividad, innovación y diseño de soluciones no repetitivas.**

◼ **En resumen: no se reemplazan trabajos enteros, sino tareas dentro de los trabajos. El desafío está en reentrenar a las personas para asumir las nuevas funciones.**

🔍 Nuevas competencias y roles emergentes en la era 4.0

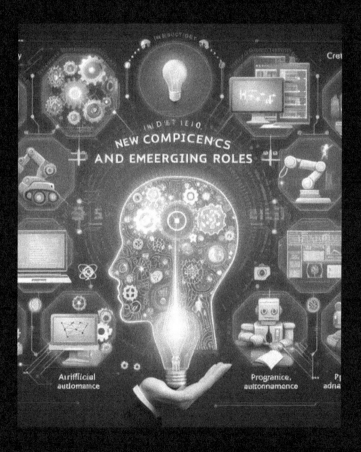

🧬 Las habilidades más valoradas

💡 *Según informes del World Economic Forum, las siguientes habilidades se consolidan como esenciales para la Industria 4.0:*

- ◼ **Alfabetización digital y analítica de datos.**

- ⚒ **Conocimientos en robótica, automatización y mantenimiento avanzado.**

- 🔔 **Programación, inteligencia artificial y machine learning.**

- 🔍 **Pensamiento crítico y resolución de problemas complejos.**

- 👤 Adaptabilidad, gestión del cambio y aprendizaje continuo.

- 👥 Colaboración interdisciplinaria y habilidades sociales.

👤 Nuevos roles profesionales en auge

Los cambios tecnológicos han dado lugar a profesiones que hace una década no existían o eran muy escasas:

- 👤 Arquitecto de automatización industrial

- 👤 Programador de robots colaborativos (cobots)

- 💬 **Especialista en mantenimiento predictivo basado en IA**

- 💼 **Técnico en impresión 3D y fabricación aditiva**

- 🔍 **Analista de ciberseguridad industrial (OT Security)**

- ⬜ **Científico de datos enfocado en manufactura**

- 💬 **Facilitador de transformación digital en plantas industriales**

🌐 Hacia un nuevo perfil profesional

🔶 **El trabajador 4.0 debe ser tecnológicamente competente, capaz** de interactuar con sistemas inteligentes, entender los datos y proponer mejoras continuas.

✤ Las soft skills (empatía, liderazgo, pensamiento crítico, comunicación) serán tan importantes como las hard skills (programación, electrónica, automatización).

La importancia de la capacitación continua: aprender a desaprender

Capacitación no como evento, sino como cultura

📕 La transformación digital industrial requiere una reinvención continua del capital humano. No basta con formar a los empleados una vez: la velocidad del cambio tecnológico exige programas de formación permanentes, flexibles y personalizados.

⬤ Estrategias efectivas para el desarrollo de talento

- ✏️ Capacitación basada en simulación y realidad aumentada, para aprender en entornos seguros.

- ◆ Programas de microcredenciales y bootcamps técnicos, enfocados en habilidades específicas.

- 🫓 Alianzas entre industria y academia para cerrar la brecha entre lo que se enseña y lo que se necesita.

- ⇥ Plataformas de e-learning industrial, integradas con rutas de carrera interna.

- ◼ Reciclaje profesional (reskilling) y mejora de habilidades (upskilling).

🏭 Casos de éxito en formación continua

- Siemens ofrece simuladores de realidad virtual para capacitar a sus técnicos sin interrumpir la producción.

- **General Electric implementa planes de aprendizaje adaptativo en IA y analítica para sus ingenieros.**

- **Airbus tiene una universidad corporativa que forma talento en impresión 3D, gemelos digitales y automatización.**

📌 del temor al empoderamiento

✳ La automatización en la Industria 4.0 no debe verse como una amenaza al empleo humano, sino como una oportunidad para liberar a las personas de tareas repetitivas y enfocarlas en el valor agregado real: el conocimiento, la creatividad y la capacidad de adaptación.

● Para ello, se requiere un compromiso conjunto de gobiernos, empresas y trabajadores para crear un ecosistema donde la formación continua sea un derecho y una estrategia, no una excepción.

● En la nueva era industrial, quien no aprende, desaparece. Pero quien aprende a aprender, lidera el futuro.

Capítulo 9
Desafíos éticos y de seguridad en la hiperautomatización industrial

Capítulo 9 – Desafíos éticos, de Seguridad y Ciberseguridad en la Automatización

- Riesgos asociados a la hiperautomatización
- Seguridad de los datos industriales
- Ética en el uso de IA y robots

🔧 La Industria 4.0 incorpora cada vez más hiperautomatización –procesos interconectados con IA, robótica y análisis avanzado– para mejorar la productividad y calidad. Sin embargo, esta transformación conlleva riesgos importantes. Por un lado, la sobredependencia de sistemas automatizados puede generar pérdida de control humano y "sesgos de automatización", donde los operadores confían ciegamente en las máquinas (por falta de contexto humano) . Además, una falla en un subsistema automatizado puede desencadenar efectos en cadena críticos, pues procesos vinculados dejan de operar coordinadamente. Otro peligro es el desplazamiento de talento: al sustituirse tareas rutinarias por IA y robots, surgen debates sobre la reconversión de empleos. Según Adecco, la automatización tiene "potencial de transformar industrias enteras y provocar el desplazamiento de puestos de trabajo" si no se gestiona, lo que exige planes de formación continua y reasignación de personal.

● Sobredependencia y reducción de pericia:

Sistemas automatizados carecen de intuición; confiar exclusivamente en ellos puede ocultar falsos positivos/negativos. La automatización compleja puede reducir la experiencia humana disponible, dejando las organizaciones vulnerables si los sistemas fallan .

Pérdida de control humano:

Las decisiones algorítmicas autónomas (por ejemplo en robots o controles de planta) pueden actuar sin supervisión, lo que dificulta intervenir a tiempo en caso de error. Esto plantea dilemas sobre "quién detiene a la máquina" en situaciones de fallo.

Fallos en cadena:

Un error inicial en un elemento de la cadena automatizada (p.ej. un PLC o sensor) puede provocar paradas generalizadas, afectando a múltiples procesos secundarios. La complejidad interconectada hace más difícil aislar fallas.

👤 Desplazamiento laboral:

Las tareas repetitivas serán sustituidas progresivamente, pero pueden crearse nuevos roles técnicos de mayor calificación. Hay casos en que la automatización genera ansiedad laboral si no se ofrecen reciclaje profesional . En todo caso, "la automatización [...] tiene potencial de provocar el desplazamiento de puestos de trabajo y redefinir la naturaleza del trabajo" , lo que obliga a planificar programas de formación y reconversión.

📽 En suma, la hiperautomatización brinda eficiencia, pero exige equilibrarla con medidas que mantengan control humano, planes de contingencia ante fallos y políticas activas de capacitación, para evitar riesgos operativos o sociales.

🛡️ Ciberseguridad en entornos OT industriales

⚙ Los sistemas de Tecnología Operativa (OT)

—planta, SCADA, IoT industrial— tienen características propias que afectan la seguridad. A diferencia de TI (Información), donde se protege principalmente la confidencialidad de datos mediante parches frecuentes y cifrado, en OT la prioridad es mantener la disponibilidad y resiliencia de procesos físicos críticos . Esto implica que las actualizaciones se realizan con cautela (para no interrumpir la producción) y se privilegia la redundancia y recuperación rápida.

● El objetivo principal es "garantizar la disponibilidad y seguridad operativa" de plantas energéticas, refinerías o redes de transporte, mientras que en TI el énfasis es proteger información confidencial .

⚡ Los entornos OT presentan vectores de ataque muy específicos: los ciberdelincuentes apuntan tanto a la red (redes industriales habitualmente cerradas) como a los equipos de control (PLC, sensores). La convergencia IT-OT ha abierto brechas: antes aislados, ahora intercambian datos en tiempo real, facilitando ataques sofisticados.

♟ Sus objetivos incluyen provocar interrupciones operativas (ataques dirigidos a SCADA/PLC), robar propiedad intelectual de procesos industriales (espionaje) o secuestrar sistemas con ransomware.

◼ Las diferencias clave TI vs. OT se ilustran en estudios recientes: en OT se cuida más la disponibilidad que la confidencialidad, los parches se aplican con "pruebas exhaustivas" por el riesgo de paro productivo, y los responsables suelen ser ingenieros de planta en lugar de personal de oficina.

🔐 Estrategias de defensa incluyen firewalls industriales, aislamiento físico de redes y sistemas de detección de anomalías en tiempo real .

🔥 Principales amenazas y vectores de ataque

Ransomware industrial: **Es la amenaza de mayor crecimiento en OT.** Grupos de ransomware apuntan a fábricas y cadenas de producción, bloqueando sistemas críticos hasta cobrar rescate. Según Dragos (feb. 2025), los ataques de ransomware a organizaciones industriales crecieron un 87% en un año .

🏭 Sectores más afectados: Más del 50% de estos ataques han afectado al sector manufacturero . En el sector automotriz, casi la mitad de los 100 mayores fabricantes están altamente expuestos .

🍞 Alimentos y cadenas logísticas: El ransomware apunta también al sector alimentario. Casos como JFC International (marzo 2021) y Loaves & Fishes (agosto 2020) evidencian la vulnerabilidad de los bancos de alimentos y distribuidores globales .

🔍 **Espionaje industrial: Aumenta el robo de secretos industriales. Según PwC, el uso de herramientas de ciberespionaje creció 145% desde la pandemia . Métodos incluyen infiltración vía empleados o ataques dirigidos a entornos industriales .**

◼ **Otros vectores: Denegación de servicio (DDoS), firmware obsoleto, contraseñas débiles y cifrado débil son blancos comunes. Los entornos OT deben blindarse frente a vulnerabilidades específicas de automatización y robótica .**

✎ Impacto del ransomware y protección de datos

✎ **Ataques históricos: El gusano Stuxnet (2010), el ciberataque a Ucrania (2015) y Triton (2017) demostraron cómo un ataque a OT puede causar daño físico real y afectar infraestructuras críticas .**

📡 En OT, la prioridad es proteger la disponibilidad e integridad de datos operativos como sensores o parámetros de control. Por eso se requieren medidas concretas:

🔶 Segmentación de redes: Separar la red industrial de la red empresarial. Minimizar conexiones externas.

🔑 Control de acceso: Autenticación multifactor y principios de privilegio mínimo para el acceso a sistemas de control .

📡 Monitoreo continuo: Uso de IDS/IPS para OT y herramientas de IA para detectar anomalías en tiempo real .

■ **Backups y redundancia:** Copias offline frecuentes y protección de datos mediante air-gaps o diodos unidireccionales.

✎ **Parches seguros:** Probar actualizaciones en entornos sandbox antes de implementarlas .

◆ **Capacitación continua:** Entrenar al personal industrial en buenas prácticas de ciberseguridad, phishing y amenazas emergentes .

⬟ Un enfoque multicapa –que combine tecnología, procedimientos y formación– es la mejor defensa frente a un entorno OT cada vez más expuesto .

⚖️ Ética en el uso de IA y robots industriales

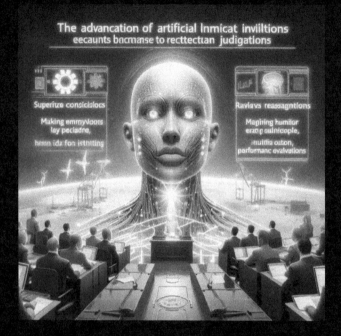

●   El avance de la Inteligencia Artificial en entornos industriales plantea dilemas éticos complejos, especialmente cuando los sistemas de decisión automatizada comienzan a sustituir el criterio humano de justicia.

Si bien las máquinas no tienen conciencia, pueden ejecutar acciones que afecten directamente a personas, desde la supervisión de empleados hasta la toma de decisiones que implican despidos, reasignaciones o evaluaciones de desempeño. Esto obliga a repensar el diseño y uso de estos algoritmos desde una perspectiva ética y de justicia

● *Sesgos algorítmicos:* Si los algoritmos de IA son entrenados con datos históricos que contienen sesgos (por ejemplo, en evaluaciones laborales previas), los modelos pueden reproducir y amplificar injusticias. En fábricas inteligentes donde la IA recomienda promociones o cambios de turnos, es vital auditar los criterios utilizados.

■ **Transparencia en la toma de decisiones:** Muchos sistemas de IA, como los de mantenimiento predictivo o planificación de producción, funcionan como cajas negras cuyo razonamiento no es explicable. Esto plantea desafíos cuando los operadores deben justificar por qué una máquina fue detenida, por qué se priorizó cierto pedido o por qué se reorganizó el personal. La ética exige algoritmos explicables y trazables.

⚖️ *Responsabilidad compartida:* Si un robot industrial causa un daño, ¿quién es responsable? ¿El fabricante? ¿El programador? ¿El supervisor que lo operó? A medida que las máquinas actúan con autonomía parcial, se vuelve crucial establecer límites claros de responsabilidad, con marcos legales que acompañen el avance tecnológico.

■ *Desigualdad en el acceso:* **Solo grandes corporaciones acceden fácilmente a soluciones avanzadas de automatización, IA y robótica, mientras que las PYMEs enfrentan barreras. Esto puede ampliar la brecha económica y competitiva. Una ética industrial responsable también debe considerar la inclusión y accesibilidad tecnológica.**

💬 *Interacción humano-máquina digna:* **Los robots colaborativos (cobots) trabajan junto a operarios humanos. Esto exige garantizar entornos seguros, respetuosos y motivadores, donde la automatización no se use para vigilancia invasiva ni para maximizar rendimientos a costa de la salud física o mental del trabajador. La ética industrial moderna implica diseñar tecnología que potencie, no que degrade, la dignidad humana.**

Conclusión ética:

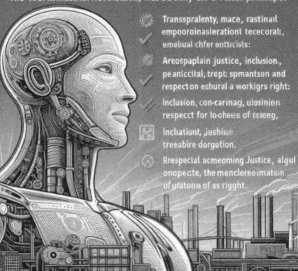

La cuarta revolución industrial no es solo una revolución técnica, sino también moral y social. Las empresas que incorporen IA y automatización deben hacerlo con principios claros: transparencia, justicia algorítmica, inclusión, trazabilidad y respeto por los derechos de los trabajadores.

🛠 Capítulo 10 – El futuro de la Manufactura: hacia la Industria 5.0

👥 Humanización de la tecnología

La Industria 5.0 representa la convergencia entre tecnología avanzada y valores profundamente humanos.

Si la Industria 4.0 estuvo marcada por la automatización, la conectividad y el poder de la analítica, la nueva era pone el foco en el ser humano como eje central de la innovación tecnológica.

💬 No se trata solo de hacer más con menos, sino de hacer mejor con propósito. En este nuevo paradigma, las máquinas no reemplazan a las personas, sino que las empoderan, permitiendo que los trabajadores se concentren en tareas creativas, estratégicas y con mayor valor añadido, mientras los sistemas inteligentes se encargan de lo repetitivo y peligroso.

🗨 La colaboración entre humanos y máquinas se convierte en el estándar productivo, especialmente con el auge de los cobots, interfaces intuitivas, asistentes con IA emocional y entornos de trabajo aumentados. La manufactura se redefine como un espacio de cooperación, no de reemplazo.

💡 En la Industria 5.0, la tecnología debe ser más empática, ética y centrada en el bienestar. Esto implica repensar los procesos desde una óptica que considere la salud mental, la ergonomía digital y la participación activa de los trabajadores en el diseño de sus propias herramientas.

⅋◉ Sostenibilidad, personalización masiva y colaboración hombre-máquina

La sostenibilidad deja de ser una opción para convertirse en un imperativo estratégico.

La manufactura del futuro deberá ser eficiente, pero también circular, regenerativa y consciente del impacto ambiental. En este sentido, la Industria 5.0 promueve:

- **Economías circulares**, donde los residuos industriales son minimizados o reutilizados.

- ⚡ **Energías limpias y producción descentralizada**, con plantas inteligentes que optimizan el uso energético en tiempo real.

- ⚫ **Responsabilidad social y medioambiental**, como eje rector en las decisiones tecnológicas y de inversión.

L La personalización masiva será un pilar fundamental. Los consumidores demandan productos únicos, personalizados y éticos. Gracias a tecnologías como la manufactura aditiva (impresión 3D), los gemelos digitales, y los sistemas de fabricación flexibles, es posible ofrecer productos personalizados al costo y escala de la producción en masa.

● La colaboración hombre-máquina alcanza un nuevo nivel, impulsada por avances como la computación afectiva, interfaces cerebro-computadora, sensores biométricos y algoritmos adaptativos. Los entornos productivos serán más inclusivos, donde personas con distintas capacidades puedan integrarse gracias al soporte de la tecnología inteligente.

● Reflexiones finales

🏹 La transición hacia la Industria 5.0 no es un simple salto tecnológico, sino una evolución cultural, filosófica y ética. Nos obliga a replantear el propósito de la industria misma: ¿producción por eficiencia o producción con sentido?

🧬 La manufactura ya no se define solo por su capacidad de fabricar objetos, sino por su poder de transformar realidades humanas y planetarias. La tecnología ya no se mide solo por su potencia, sino por su capacidad de crear valor auténtico: valor social, ambiental, económico y emocional.

◼ Para las empresas y profesionales, esto implica un cambio profundo: desarrollar competencias humanas junto con las digitales, apostar por una visión holística del negocio y tomar decisiones con impacto ético y sostenible.

✳ La Industria 5.0 no reemplazará la Industria 4.0: la complementará y humanizará. Es el siguiente paso lógico, donde la innovación, la ética, la inteligencia y la empatía se fusionan para construir un nuevo modelo de desarrollo industrial: más humano, más verde, más justo.

www.ingramcontent.com/pod-product-compliance
Lightning Source LLC
LaVergne TN
LVHW022346060326
832902LV00022B/4275